COLLECTIONS

DE M. S... DE VIENNE

ET DE M. L. R.

TABLEAUX

MODERNES

COMMISSAIRE-PRISEUR,	EXPERT,
Me CHARLES PILLET.	M. DURAND-RUEL.

CATALOGUE

DES

TABLEAUX

MODERNES

COMPOSANT LES COLLECTIONS

DE M. S... DE VIENNE

ET DE M. L. R.

ET DONT LA VENTE AURA LIEU

HOTEL DROUOT, SALLE N° 1

Le Mardi 23 Mars 1875,

A DEUX HEURES.

Par le Ministère de Me CHARLES PILLET, Commissaire-Priseur, 10, rue de la Grange-Batelière;

Assisté de M. DURAND-RUEL, Expert, 16, rue Laffitte,

Chez lesquels se trouve le present Catalogue.

EXPOSITIONS : PARTICULIÈRE : le Dimanche 21 Mars 1875.
PUBLIQUE : le Lundi 22 Mars 1875.

DE UNE HEURE A CINQ HEURES.

CONDITIONS DE LA VENTE

La vente sera faite au comptant,

Les adjudicataires payeront *cinq pour cent* en sus des enchères.

Paris. — Imp. PILLET FILS AINÉ, 5, rue des Grands-Augustins.

DÉSIGNATION

ACHENBACH

(O.)

1 — Femmes à la fontaine. Paysage d'Italie.

Haut., 100 cent.; larg., 150 cent.

BARON

2 — Le concert champêtre.

Haut., 24 cent.; larg., 18 cent.

BELLET DU POISAT

3 — Le port à Genève.

Haut., 48 cent.; larg., 78 cent

BOUDIN

4 — L'Escaut. Effet du matin.

Haut., 55 cent.; larg., 90 cent.

BOUDIN

5 — La rade. Effet d'orage.

Haut., 55 cent.; larg., 90. cent.

BRETON

(J.)

6 — Jeune fille dans un bois.

Haut., 38 cent.; larg., 90 cent.

CHINTREUIL

7 — Le ruisseau du moulin de la Planche.

Haut., 70 cent.; larg., 43 cent.

COCK

(CÉSAR de)

8 — Chaumières.

Haut. 42 cent.; larg., 35 cent.

GORNEL

(J.-L.)

9 — Joueur de guitare.

Haut., 23 cent.; larg., 18 cent.

COROT

10 — Le matin.

Haut., 45 cent.; larg., 60 cent.

COROT

11 — Le soir.

Haut., 46 cent.; larg., 55 cent.

COROT

12 — Le pêcheur.

Haut., 32 cent.; larg., 50 cent.

COROT

13 — Coucher de soleil.

Haut., 31 cent.; larg., 24 cent.

COROT

14 — Lisière de bois.

Haut., 48 cent.; larg., 64 cent.

COROT

15 — La mare.

Haut., 40 cent.; larg., 43 cent.

COURBET

16 — Marine.

Haut., 29 cent.; larg., 52 cent.

DAUBIGNY

17 — Animaux au bord d'une rivière.

Haut., 20 cent.; larg., 35 cent.

DAUBIGNY

(K.)

18 — Vue prise à Dordrecht.

Haut., 34 cent.; larg., 59 cent.

DECAMPS

19 — Le mendiant.

Vente Laurent-Richard.

Haut., 20 cent.; larg., 17 cent.

DEFAUX

20 — Troupeau sortant d'une ferme.

Haut. 40 cent.; larg., 66 cent.

DELACROIX

(EUG.)

21 — Madeleine au pied de la croix.

Haut., 35 cent.; larg., 27 cent.

DELACROIX

(EUG.)

22 — Jeune lionne.

Haut., 24 cent.; larg., 32 cent.

DELACROIX

(EUG.)

23 — Armes orientales.

Haut., 51 cent.; larg., 32 cent.

DELAUNAY

24 — Diane.

Haut., 25 cent.; larg., 19 cent.

DIAZ

25 — Mare sous bois.

Haut., 31 cent.; larg., 41 cent.

DIAZ

26 — Clairière.

Haut., 15 cent.; larg., 21 cent.

DUPRE

(JULES)

27 — Soleil couchant.

Vente Wilson.

Haut., 36 cent.; larg., 62 cent.

DUPRÉ

(JULES)

28 — Paysage, effet de soleil couchant.

Haut., 24 cent.; larg., 28 cent.

DUPRÉ

(JULES)

29 — Cabane au bord d'une mare.

Haut., 16 cent.; larg., 21 cent.

EGUSQUIZA

30 — Intérieur espagnol.

Haut., 43 cent.; larg., 53 cent.

FICHEL

31 — Les Amateurs de peinture.

Haut., 27 cent.; larg., 21 cent.

FROMENTIN

32 — Désert du Sahara.

Haut., 43 cent.; larg., 83 cent.

FROMENTIN

33 — Cavaliers arabes.

Haut., 35 cent.; larg., 27 cent.

GAUERMANN

34 — Le Retour du maraudeur.

Haut., 27 cent.; larg., 38 cent.

HEREAU

(J.)

35 — Le Labour.

Haut., 45 cent.; larg., 65 cent.

HUMBERT

36 — Cavaliers arabes arrêtés au bord de la mer.

Haut., 40 cent.; larg., 31 cent.

HUMBERT

37 — Porte-étendard.

Haut., 21 cent.; larg., 15 cent.

ISABEY

38 — Personnages dans une cour de ferme.

Haut., 36 cent.; larg., 44 cent.

JACQUE

(CHARLES)

39 — Berger et Troupeau se reposant.

Haut., 80 cent.; larg., 64 cent.

JACQUE

(CH.)

40 — Animaux sous bois.

Haut., 48 cent.; larg. 81 cent.

JACQUE

(CH.)

41 — Paysage et animaux.

Haut., 23 cent.; larg., 36 cent.

JACQUE

(CH.)

42 — Route près d'une ferme.

Haut., 45 cent.; larg., 37 cent.

JUNDT

43 — Paysage, effet du matin.

Haut., 40 cent.; larg., 60 cent.

LANOUE

44 — Vue de Cannes.

Haut., 31 cent.; larg., 61 cent.

LAPOSTOLET

45 — L'Avenue des Ternes.

Haut., 65 cent.; larg., 100 cent.

LÉPINE

46 — Effet de neige.

Haut., 40 cent.; larg., 28 cent.

LIES

47 — Au bord de l'eau.

Haut., 41 cent.; larg., 53 cent.

MADOU

48 — Intérieur flamand.

Haut., 35 cent.; larg., 46 cent.

MAUVE

49 — Vaches près d'un ruisseau.

Haut., 48 cent.; larg., 36 cent.

MAZEROLLES

50 — Allégorie à Bacchus. Projet de panneau pour décoration de salle à manger.

Haut., 130 cent ; larg., 121 cent.

MILLET

(J.-F.)

51 — Le Bas-Bréau.

Haut., 40 cent.; larg., 32 cent.

MILLET

(J.-F.)

52 — Baigneuses.

Haut., 40 cent.; larg., 32 cent.

MONGINOT

53 — La Volière.

Haut., 132 cent.; larg., 86 cent.

PETTENKOFEN

54 — Chevaux hongrois à l'abreuvoir.

Haut., 30 cent.; larg., 39 cent.

PETTENKOFEN

55 — Chevaux et soldats dans un vieux manoir.

Haut., 30 cent.; larg., 25 cent.

REYNOLDS

56 — La Rivière.

Haut., 48 cent.; larg., 60 cent.

RIBOT

57 — Chanteurs espagnols.

Haut., 90 cent.; larg., 64 cent.

RICO

58 — Village au bord d'un étang.

Haut., 40 cent.; larg., 30 cent.

ROQUEPLAN

59 — Femme et enfant.

Haut., 40 cent.; larg., 27 cent.

ROUSSEAU

(TH.)

60 — Le bac de Saint-Ouen.

Haut., 38 cent.; larg., 30 cent.

ROYBET

61 — Saltimbanques.

Haut., 50 cent.; larg., 66 cent.

ROYBET

62 — Après la bataille.

Haut., 31 cent.; larg., 38 cent.

SCHMIDSON

63 — Ouvriers débarquant les poutres d'un radeau.

Haut., 77 cent.; larg., 128 cent.

SCHOLD

64 — Nature morte.

Haut., 20 cent.; larg., 15 cent.

SPRINGER

65 — Hôtel de ville de Spœrden (Hollande).

Haut., 53 cent.; larg., 45 cent.

STEVENS

(JOSEPH)

66 — Chien de chasse.

Haut., 60 cent.; larg., 47 cent.

TEN-KATE

(HERMAN)

67 — Intérieur d'auberge.

Haut., 43 cent.; larg., 51 cent.

TOURNEMINE

(CHARLES DE)

68 — Pont sur la route de Marnésia.

Haut., 57 cent.; larg., 96 cent.

TROYON

69 — Bûcheron et son chien sous bois.

Haut., 28 cent.; larg., 36 cent.

TROYON

70 — Paysan emplissant un tonneau au bord d'une mare.

Haut., 52 cent.; larg., 63 cent.

VAYSON

71 — Pensées.

Haut., 38 cent.; larg., 46 cent.

VERBOECKOVEN

72 — Bœuf et Moutons.

Haut., 25 cent.; larg., 33 cent.

VERBOECKOVEN

73 — Moutons.

Haut., 20 cent.; larg., 24 cent.

VOLLON

74 — Un moulin à vent.

Haut., 64 cent.; larg., 50 cent.

WALDMULLER

75 — La famille indigente.

Haut., 72 cent.; larg., 88 cent.

YONGKIND

76 — Les patineurs.

Haut., 42 cent.; larg., 55 cent.

YONGKIND

77 — Moulin à vent.

Haut., 58 cent.; larg., 40 cent.

ZIEM

2000. 78 — Barques à la voile et gondoles.

Haut., 36 cent.; larg., 66 cent.

ZIEM

3000. 79 — Embarcations devant Venise.

Haut., 41 cent.; larg., 59 cent.

ZIEM

1360. 80 — Le quai des Esclavons à Venise. Soleil couchant. Petit

Haut., 35 cent.; larg., 54 cent.

www.ingramcontent.com/pod-product-compliance
Ingram Content Group UK Ltd.
Pitfield, Milton Keynes, MK11 3LW, UK
UKHW032015260826
14628UKWH00006B/2501

9 782329 517674